一本写给**电力大客户**的书

U0643196

电力大客户
用电服务指南

国网浙江省电力有限公司绍兴供电公司　组编

DIANLI DAKEHU
YONGDIAN FUWU ZHINAN

中国电力出版社
CHINA ELECTRIC POWER PRESS

内 容 提 要

本书旨在更好地为电力大客户提供优质服务。本书以电力大客户自身需求为出发点，贴近客户实际，语言通俗易懂、配图生动形象。采用案例的形式，从用电业务办理、经济用电和安全用电 3 个方面，对电力大客户在用电过程中遇到的问题进行讲解，提出应对措施及知识要点。

本书可供电力大客户专业管理人员阅读使用，以便更好地开展电力业务办理、节能增效和安全管理工作；亦可做电力企业送服务、送知识的载体，提高电力大客户对供电服务的感知度。

图书在版编目（CIP）数据

电力大客户用电服务指南 / 国网浙江省电力有限公司绍兴供电公司组编 . —北京：中国电力出版社 ,2019.4
ISBN 978-7-5198-3041-0

Ⅰ . ①电… Ⅱ . ①国… Ⅲ . ①电力工业－工业企业管理－营销服务－中国－指南 Ⅳ . ① F426.61-62

中国版本图书馆 CIP 数据核字 (2019) 第 060337 号

出版发行：中国电力出版社
地　　址：北京市东城区北京站西街 19 号（邮政编码 100005）
网　　址：http://www.cepp.sgcc.com.cn
责任编辑：崔素媛（010-63412392）
责任校对：黄　蓓　王海南
装帧设计：张俊霞
责任印制：石　雷

印　　刷：北京博图彩色印刷有限公司
版　　次：2019 年 4 月第一版
印　　次：2019 年 4 月北京第一次印刷
开　　本：880 毫米 ×1230 毫米 32 开本
印　　张：3.25
字　　数：75 千字
印　　数：0001—4000 册
定　　价：28.00 元

本书编写组

主　编　沈百强

副主编　金家红

参　编　刘洪波　马　亮　韦亚敏　章赞武
　　　　胡　泳　赵国波　徐文华　李海峰
　　　　陈　钢　任宇翔　陈魁荣

　　为深入贯彻落实习近平新时代中国特色社会主义思想和党的十九大精神，国家电网公司提出了建设具有卓越竞争力的世界一流能源互联网企业的战略目标。为了达成这一目标，必须坚持以客户为中心，把客户需求贯穿于公司各项工作中，竭力提升优质服务，实现"始于客户需求，终于客户满意"。为服务公司战略目标和供电服务新体系建设，我们编写了本书，希望能拉近供电企业与电力客户之间的距离，更好地为企业客户服务。

　　本书立足大客户供电服务，梳理相关电力法律法规、安全规范、营销服务规范和价费政策文件。在编写过程中，深入客户现场，详细了解客户用能需求、设备运行情况和电气工作人员的专业素质，从用电业务办理、经济用电和安全用电方面出发，对用电客户经常碰到的问题进行总结、提炼，列举了相关案例，提出应对措施及知识要点。本书在编写过程中，多次修改、审查，每个案例配有相应的漫画，使读者阅读和理解起来更加容易。

　　本书从大客户自身出发，贴近客户实际，满足客户需求，便于客户在其中找到自身所碰到问题的解决办法，增强防范安全隐患意识，提高客户用电效率，丰富用电安全和业务知识，帮助企业降成本、提效能。

　　由于编者水平所限，疏漏之处在所难免，恳请各位专家和读者提出宝贵意见。

目 录

前言

一　用电业务办理 / 1

案例 1　用电业务渠道多，总有一款适合您 / 2

案例 2　用电容量卡脖子，新装增容解难题 / 4

案例 3　节能降耗见成效，用电容量宜减小 / 6

案例 4　继承关系搞清楚，更名过户不难办 / 8

案例 5　厂房拆迁或变卖，办理销户无后患 / 10

案例 6　合法买卖得厂房，办理新装分情况 / 12

案例 7　基本电费有选择，灵活多变省成本 / 14

案例 8　申报需量要谨慎，不多不少最经济 / 16

案例 9　暂停计划早申请，节省电费最有效 / 18

案例 10　调度协议要签订，定向联系有保障 / 20

案例 11　表计校验可申请，多退少补最公平 / 22

案例 12　人员变动要登记，联系畅通服务好 / 24

案例 13　分布式电源接入，绿色能源有补贴 / 26

案例 14　受电设备要迁移，电能表计要申请 / 28

案例 15　多路电源有保障，供电可靠保生产 / 30

案例 16　自备柴油发电机，电网故障可应急 / 32

二　经济用电 / 35

案例 1　错峰填谷来生产，低谷用电最划算 / 36

案例 2　电价制度分两种，适用范围各不同 / 38

案例 3　"变损"分摊有讲究，"高供低计"要另收 / 40

案例 4　"容量需量"申报对，放心用电不吃亏 / 42

案例 5　花钱不多效果佳，"无功补偿"益处大 / 45

案例 6　"功率因数"硬指标，节约电费有诀窍 / 47

案例 7　代收基金或附加，电费计算不复杂 / 49

案例 8　"电价政策"要吃透，节约电费当增收 / 51

案例 9　电能替代有优惠，节能环保更增效 / 53

案例 10　汰旧换新更节能，降耗堪比省电费 / 55

案例 11　降低成本路要正，违窃用电教训深 / 57

案例 12　申请容量要准确，合理配置变压器 / 59

案例 13　低压电机损耗高，改用高压更省电 / 61

三　安全用电 / 63

案例 1　供电电源出故障，不会操作干着急 / 64

案例 2　发电机启动成功，进线开关莫忘分 / 66

案例 3　电力设施需保护，保护区内莫施工 / 68

案例 4　检修试验很重要，定期检查不可少 / 70

案例 5　重要设备很重要，自备电源需配好 / 72

案例 6　负荷超容莫轻视，及时增容是关键 / 74

案例 7　检修停电需操作，验电接地需牢记 / 78

案例 8　专线用户操作时，联系调度很重要 / 80

案例 9　停电送电操作时，操作顺序要遵循 / 81

案例 10　自备电源需检查，定期试验不能少 / 83

案例 11　电能质量很重要，整治谐波不能忘 / 85

案例 12　设备停电莫心急，窃电行为不可取 / 87

案例 13　房屋孔洞需封堵，防止进入小动物 / 89

案例 14　人员触电不要慌，触电急救可救命 / 91

案例 15　严禁堆放易燃品，设备人身保安全 / 93

一　用电业务办理

　　电能是工业企业使用的最重要的能源形式，电费是工业企业生产成本的重要组成部分，作为企业电力业务负责人，应根据生产用电的需求，及时调整用电策略，达到既满足安全生产的要求，又合理减少电费支出的目标，为企业发展壮大提供有力的能源保障。

　　本篇案例主要涉及电力大客户经常办理的用电业务，列举了 16 种企业用电情况变更的典型情况。包括工业企业最关心的基本电费计算方式选择，增减容业务，计量装置校验业务，移表、销户业务等。读者可以参照企业自身情况，办理相应业务，具体可咨询客户经理。

案例1 用电业务渠道多，总有一款适合您

案例描述

　　某企业增值税信息变更，企业老总通知财务部门到供电企业办理增值税信息变更，经办人员联系供电公司客户经理了解相关办理渠道。

解答

　　企业经办人员可持企业相关证明，前往营业厅或者通过"掌上电力"APP办理相关变更手续。

知识链接

　　国家电网公司为方便电力客户办理业务，除了供电营业厅、95598客户服务热线、网上营业厅等传统业务受理渠道，还推出了"掌上电力"手机APP、95598互动网站、微信公众号、支付宝服务窗等电子渠道及电子坐席服务。其中，"掌上电力"APP具备停电公告、业务申请、掌上购电、故障报修、电量电费查询等功能，是当前国家电网公司线上服务最主要的渠道。

案例2 用电容量卡脖子，新装增容解难题

案例描述

某企业从事无纺布生产，近期在厂区新上了一条生产线。在试生产的过程中，配电变压器跳闸两次，经现场检查，供电公司客户经理发现新设备调试时，变压器超负荷运行，导致继电保护动作而跳闸。

解答

用电客户需向供电公司申请增加供电容量，保证生产设备安全可靠运行。

知识链接

　　增容是指更换更大的配电变压器，或者增加变压器（包括不经过变压器的高压电动机）。办理增容的一般流程为：用电申请、现场查勘、供电方案答复、设计文件审查（特殊客户）、中间检查（特殊客户）、竣工验收、合同及相关协议签订、装表接电。

案例 3　节能降耗见成效，用电容量宜减小

案例描述

　　某大工业企业原受电容量为 8000 千伏安，因产业转型升级，新的生产线较老设备的能耗大幅下降，用电高峰期间的电力负荷不足 5000 千伏安。但企业未采取相应的用电经济性改造，平均电价比转型升级前提高了 3%。企业财务部门经仔细核对电费账目，原来是基本电费与改造前相同，而电量下降了，导致平均电价过高。

解答

用电客户向供电公司申请减容，在保证生产设备可靠运行的前提下，可适当减少受电容量。

知识链接

（1）减容必须是整台或整组变压器的停止或更换小容量变压器用电。供电企业在受理客户减容申请后，根据客户申请减容的日期对设备进行加封，或由电力客户委托有资质的工程实施单位，在约定时间进行变压器更换作业。从加封之日起，按原计费方式减收其相应容量的基本电费。如减容后容量达不到实施两部制电价规定容量标准的，改为相应用电类别单一制电价计费，并执行相应的分类电价标准。减容后两年内恢复的，按减容恢复办理；超过两年的，按新装或增容手续办理。减容最短时间不得少于六个月，最长不超过两年。如当年暂停累计满六个月后，仍需继续停用的，可申请减容，减容期限不受限制。减容期满后的用户以及新装、增容用户，两年内申办减容的，不再收取减少部分容量 50% 的基本电费。

（2）选择最大需量计费方式的用户减容后，最大需量合同确定值按照减容后总容量申报。申请减容周期应以抄表结算周期为基本单位，起止时间应与抄表结算起止时间一致。最大需量合同确定值在下一个抄表结算周期生效。

案例 4　继承关系搞清楚，更名过户不难办

案例描述

　　某企业所在地撤县改区，公司名称中的"县"改成"区"，相应的工商登记已经变更，但收到的电费发票仍是原先的公司名称。公司财务联系电力客户经理要求变更电费发票抬头。

解答

　　企业应派员持有效证件到供电营业厅办理更名手续。

知识链接

1.用户更名或过户

持有关证明向供电企业提出申请。供电企业应按照下列规定办理：

（1）在用电地址、用电容量、用电类别不变的情况下，允许办理更名或过户。

（2）原用户应与供电企业结清债务，才能解除原供用电关系。

（3）不申请办理过户手续而私自过户者，新用户应承担原用户所负债务。经供电企业检查发现用户私自过户时，供电企业应通知该户补办手续，必要时可终止供电。

2.更名流程

供电企业不对电表底度进行特抄，用户须就电费事先做好协商。过户流程，供电企业在特抄或换表后将计算底度电费，用户需要交纳底度电费后过户才能生效，在过户流程结束前所产生的电费，开具的电费发票抬头为原户名，需要新老户主之间协商好相关事宜，避免纠纷。用户如需变更增值税开票，需在办理更名或过户时或流程结束后进行申请。

案例 5　厂房拆迁或变卖，办理销户无后患

案例描述

　　某受电容量为 400 千伏安的工业企业，厂房位于规划的高铁线路上，经过与政府相关部门的协商，该企业定于下月拆迁，现已经停止日常生产，生产设备正在拍卖。供电企业了解情况后，客户经理上门建议企业尽快办理电力销户手续。

解答

用电客户应尽早向供电公司申请销户，并同供电公司协商停电时间，以减少基本电费支出。

知识链接

（1）用电客户申请销户，从最后一次抄表例日到实际拆表销户日产生最后一笔电费，该电费缴清之后，销户流程正式完成。若为临时用电客户，在约定期限内销户的，可在完成销户后，按照供用电合同约定事项，携带供电企业开具的临时接电费收据原件，及时到供电营业厅办理临时接电费的退还手续。

（2）供电公司与用电客户资产分界点靠近客户侧的配电设备均为用户资产，供电公司执行销户之后，这部分设备归用电客户处置，应在做好安全措施的前提下，委托有资质的工程实施单位拆除。

案例6　合法买卖得厂房，办理新装分情况

案例描述

　　A 企业因经营不善而破产，供电公司根据 A 企业的申请对企业配电房进行停电、销户处理。A 企业抵押给银行的厂房经过司法拍卖，由 B 企业合法拍得，B 企业在验收厂房时发现，现场配电房没电，无法开展生产。

解答

B 企业应向供电公司确认厂房的电力现状,确认 A 企业已办理结销户手续,现场已经停电的情况后,按新装流程向供电公司申请用电。

知识链接

用户依法破产时,供电企业应按下列规定办理:①供电企业应予销户,终止供电;②在破产用户原址上用电的,按新装用电办理;③从破产用户分离出去的新用户,必须在偿清破产用户电费和其他债务后,方可办理变更用电手续,否则,供电企业可按违约用电处理。

新装用户可携带法人代表(或负责人)有效身份证明复印件、法人或其他组织有效身份证明、房屋产权证明或其他证明文书,如《房屋所有权证》《国有土地使用证》《集体土地使用证》《购房合同》、含有明确房屋产权判词且发生法律效力的法院法律文书(判决书、裁定书、调解书、执行书等),至营业厅办理手续或使用"网上国网"APP 办理。

案例 7 基本电费有选择，灵活多变省成本

案例描述

某大工业用电企业进入生产淡季，负荷只有旺季的一半，平均电价比生产旺季时高出 10% 还要多，通过查看电费清单，发现基本电费按容量计算，与生产旺季时一样，电量下降，导致平均电价上升。

解答

　　基本电费是大工业用户电费的重要组成部分，合理调整基本电费计算方式，能有效节省电费。用电客户可通过供电营业厅、"掌上电力"APP等渠道调整基本电费计算方式。

知识链接

　　大工业用户基本电费的计算方式有按容量计费和按需量计费两种方式。其中，按需量计算基本电费又可分为约定需量和实际需量两种。计费方式由客户选择，基本电费计算方式变更周期为三个月，即每隔三个月可变更一次基本电费计算方式。电力用户可提前15个工作日向电网企业申请变更下一计费周期的基本电价计费方式。

　　基本电费计算公式如下：

　　（1）容量计算：基本电费 = 用户受电容量 × 容量计算方式单价。

　　（2）约定需量计算：基本电费 = 最大需量核定值 × 需量计算方式单价。用电人最大需量超过核定值105%时，超过105%部分的基本电费加一倍收取。未超过核定值105%的，按核定值收取，申请最大需量核定值低于变压器容量和高压电动机容量总和的40%时，按容量总和的40%核定合同最大需量。

　　（3）实际需量计算：基本电费 = 抄见最大需量值 × 需量计算方式单价。抄见最大需量值低于变压器容量和高压电动机容量总和的40%时，按容量总和的40%核定最大需量值。

案例 8　申报需量要谨慎，不多不少最经济

案例描述

　　某大工业用电企业正处生产旺季，由于接到一个紧急订单，将原先轮流开启的生产线改为同时运行。在收到电费通知单后发现，基本电费比上几个月高了很多，于是向供电公司客户经理咨询。

解答

当选择以约定需量方式计算基本电费时，准确申报需量核定值极其重要。需量核定值申报准确，可以有效利用需量计算方式节省基本电费，如果申报核定值过大或过小，均会导致增加基本电费。按浙江省现行的基本电费定价政策，需量核定值申报范围宜为受电容量的40%～75%，一般建议最大需量在受电容量65%以下的用电客户选择需量计算方式。

知识链接

（1）调整需量核定值，应在每月抄表例日前10个工作日通过供电营业厅、"掌上电力"APP等渠道办理。

（2）按最大需量计算的，按照双方协议确定最大需量核定值，用电人最大需量超过核定值105%时，超过105%部分的基本电费加一倍收取。未超过核定值105%的，按合同确定值收取，申请最大需量核定值低于变压器容量和高压电动机容量总和的40%时，按容量总和的40%核定合同最大需量。

案例 9　暂停计划早申请，节省电费最有效

⚙ 案例描述

　　某大工业用电企业由于生产设备检修，部分生产线需停产停工一个月，用电负荷降低，为减少电费支出，向供电公司咨询，客户经理建议企业申请受电设备暂停。

🔍 解答

　　在用电负荷明显小于受电容量的时期，申请将部分容量暂停是节约基本电费的有效方式。办理暂停业务，须在五天前向供电

企业提出申请。按容量计算基本电费的用户，暂停用电必须是整台或整组变压器停止运行。按需量计算基本电费用户的暂停业务，暂停时间按抄表周期执行，应选择抄表例日作为暂停开始或暂停恢复的时间。部分设备暂停后，可在运行容量的基础上申报需量核定值。

知识链接

（1）暂停或暂停恢复用电必须是整台或整组变压器停止或恢复运行。单次暂停时间不少于 15 天，每日历年总暂停时间不超过 6 个月。暂停时间少于 15 天的，暂停期间基本电费照收。当年内暂停累计满 6 个月后，如需继续停用的，可申请减容，减容期限不受限制。自设备加封之日起，暂停部分免收基本电费。客户暂停后的受电容量不足 315 千伏安的，按相应用电类别的单一制电价计收电费。暂停期满或每一日历年内累计暂停用电时间超过 6 个月的用户，不论是否申请恢复用电，供电企业须从期满之日起，恢复其原电价计费方式，并按合同约定的容量计收基本电费。

（2）选择最大需量计费方式的用户暂停后，最大需量合同确定值按照暂停后的容量申报。申请暂停周期应以抄表结算周期为基本单位，起止时间应与抄表结算起止时间一致。最大需量合同确定值在下一个抄表结算周期生效。

案例 10 调度协议要签订，定向联系有保障

案例描述

某110千伏供电的企业扩大生产规模，向供电公司申请增容，增加一台110千伏主变压器，电气工程施工完毕验收通过之后，供电公司通知企业电气负责人签订调度协议。

解答

调度范围内的用电客户，供用电双方需签订调度协议，用电客户办理新装、增容、减容业务或变更电源、主受电设备时，应

同步签订调度协议。

知识链接

签订调度协议所需资料如下。

1. 新增用户

（1）主要设备规范、参数资料；

（2）电气一次接线图、继电保护及自动装置原理图；

（3）设备平面布置图及线路路径图资料；

（4）继电保护整定单一份（进线开关间隔、主变压器或高压电动机开关间隔）；

（5）典型操作票；

（6）值班员高压电工证复印件。

2. 重签（续签）用户

（1）新增或改造后的电气一次接线图、设备规范、参数资料；

（2）继电保护整定单一份；

（3）值班员高压电工证复印件。

案例 11 表计校验可申请，多退少补最公平

案例描述

某企业为每个车间都安装了电能表，月末进行能耗计算时，发现电量不平衡，所有车间电能表电量总和与总电能表电量之差明显大于可能出现的损耗，怀疑与供电公司结算电费的计量装置失准。

解答

企业向供电公司申请计量装置校验，计量装置包括电能表、电压互感器、电流互感器。

知识链接

供电公司将按照国家有关规定在 5 个工作日后向申请校验用户出具《电能表校验结果通知书》。若计费电能表误差在国家允许范围内，用户所交纳的申请验表费将不予退还；若计费电能表误差超出国家允许范围，按照国家规定，除退还用户所交纳的申请验表费外，供电公司将按照国家规定与用户协商退补电量电费。如对检验结果有异议，用户可向供电公司上级计量检定机构申请检定。在申请验表期间，用户的电费仍应按期交纳，验表结果确认后，再行电费退补。

案例 12 人员变动要登记，联系畅通服务好

案例描述

　　某企业为专线供电客户，与供电公司签订了调度协议。变电站值班电工王某，因工作调动，不再从事电工岗位，改由张某担任。

解答

该公司应以书面形式，向电力调度部门说明值班电工的变更情况，以免影响调度命令的接收。

知识链接

用电客户与供电企业的联系主要包含用电业务联系和电力调度联系两大类。

用电业务联系，主要指用电业务联系人、电气联系人、财务联系人的信息变更，可往就近的营业厅办理变更。

电力调度联系，主要指电力调控部门与用电客户变电站值班人员之间的联系。用电客户变电站值班电话、停役申请主管人员、线路工作负责人、值班人员发生变更的，用电客户应将加盖企业公章的情况说明以及新值班人员资格证书复印件送电力调控部门重新签订调度协议。

案例13 分布式电源接入，绿色能源有补贴

案例描述

A企业拥有大量厂房，厂房屋顶空置，某新能源公司业务人员找到A企业经理，洽谈屋顶租赁或合作开发意向。业务人员提出的合作方式有三种：①新能源公司向A企业租屋顶，付租金，所发电量全部卖给供电公司；②新能源公司出资在A企业屋顶建设分布式光伏发电项目，所发电量以低于供电公司的电价供A企业，共享发电效益；③A企业出资委托新能源公司建设屋顶光伏项目，发电效益归A企业所有。

解答

国家电网公司本着欢迎、支持、服务的态度对待分布式电源的接入。在确定光伏能源开发方式并且取得政府相关部门的项目备案后，向供电公司申请并网接入，并依据并网接入方案进行分布式电源的设计施工。

知识链接

（1）分布式电源是指在用户所在场地或附近建设安装、运行方式以用户侧自发自用为主、多余电量上网，且在配电网系统平衡调节为特征的发电设施或由电力输出的能量综合梯级利用多联供设施。包括太阳能、天然气、生物质能、风能、地热能、海洋能、资源综合利用发电（含煤矿瓦斯发电）等。

（2）分布式发电量的消纳方式有自发自用余电上网和全额上网两种。分布式电源发电量享受各级政府的补贴，上网电量由国家电网公司按相关政策收购。

（3）应关注各级政府关于光伏发电补贴的文件动向，注意补贴政策的时效性。

案例 14　受电设备要迁移，电能表计要申请

案例描述

　　某公司产业升级，需对厂房内部进行改造，配电房所在的位置另有规划，需要拆除。在厂区另外一侧建造新配电房，受电容量和用电性质不变。公司经理派电气负责人咨询供电公司客户经理。

解答

公司应通过线上、线下各种渠道向供电公司申请移表。

知识链接

（1）用户移表，须向供电企业提出申请。供电企业应按下列规定办理：

1）在用电地址、用电容量、用电类别、供电点不变情况下，可办理移表手续。

2）移表所需的费用由用户负担。

3）用户不论何种原因，不得自行移动表位。

（2）原配电房需拆除的移表情况，建议在得到供电企业方案答复之后，尽快进行新配电设施的建设，以减少断电时间。

案例 15　多路电源有保障，供电可靠保生产

案例描述

　　某物流公司单电源供电，近期因业务发展，建设了一个药品冷链仓库，提供药品物流服务。某天，因供电公司线路检修，该公司收到了停电通知，计划停电 10 个小时。由于冷链物流对于温度的稳定性要求较高，制冷机停电时间不得超过 2 个小时。

解答

物流公司可先租用移动发电设备渡过难关，同时向供电公司申请备用电源。

知识链接

供电公司向电力客户提供备用电源时，对备用电源供电回路按规定收取高可靠性供电费用。高可靠性供电费，根据浙价资〔2017〕46号《浙江省物价局关于关于降低高可靠性供电和临时接电费用收费标准的通知》，收费标准见下表：

供（配）电工程高可靠性供电费用收取标准表

用户受电电压等级（千伏）	用户应缴纳高可靠性供电费用（元/千伏安）	其中		自建本级电压外部供电工程应缴纳高可靠性供电费用（元/千伏安）
		供电高可靠性供电费用（元/千伏安）	配电高可靠性供电费用（元/千伏安）	
0.38 / 0.22	250	90	160	200
10	200	110	90	150
20	180	100	80	110
35	150	150	—	70
110	70	70	—	—

案例 16　自备柴油发电机，电网故障可应急

案例描述

　　某养殖企业近期开始反季养殖对虾，由于对虾不耐低温，所以需要对虾塘进行持续加热和保温，一旦断电时间超过 24 小时，虾塘温度下降到一定程度，对虾将死亡。农技人员建议养殖公司配置柴油发电机，应对电网检修的情况。

解答

用电客户向供电企业申请装设不并网发电机，将设计图纸交供电公司审核通过后，现场安装完成再由供电企业用电检查人员验收合格，方可投入使用。

知识链接

《关于加强重要电力用户供电电源及自备应急电源配置监督管理的意见》（电监安全〔2008〕43号）规定，"重要电力用户新装自备应急电源及其业务变更要向供电公司办理相关手续，并与供电公司签订自备应急电源使用协议，明确供用电双方的安全责任后方可投入使用""重要电力用户新装自备电源投入切换装置技术方案要符合国家有关标准和所接入电力系统安全要求"。

二　经济用电

　　在用电过程中，对于执行两部制电价的企业，会存在因企业经营形势、生产周期等因素变化造成电费不必要支出的情况，因此我们希望能够通过本章的案例讲述，向企业客户介绍相关电价电费政策，指导客户合理运用电价电费政策来降低电费支出、提高经济效益。这些案例主要涉及以下方面：分时电价选择、基本电费计价方式选择、无功补偿、暂停减容等。

　　另外，企业也可以通过实施电能替代、节能改造项目来降低配电系统损耗、提高经济效益。同时，类似项目也能获得政府节能减排方面的政策性补助，创造社会效益。

案例1　错峰填谷来生产，低谷用电最划算

案例描述

某企业从事钢铁制品加工，用电量最大的设备是18台电炉，每月电费居高不下。后该企业根据供电企业的建议，调整生产安排，将耗电最高的电炉改为夜间开启，白天大部分时间电炉处于低功率保温状态，以减少电费开支。

解答

合理善用峰谷电价政策，最大限度利用低谷时段生产可以减少其电费支出。

知识链接

为引导用户充分使用电力资源、错峰填谷，我国实行峰谷电价政策。其中大工业用电电价分为三费率、六时段，夜间大部分时间段的电价为低谷电价，该时段电价低至白天尖峰时段电价的一半以上。如果合理安排企业生产，充分利用低谷电能，既可以减少电费，又有利于错峰填谷负荷调整。

案例 2　电价制度分两种，适用范围各不同

案例描述

　　某纺织加工企业原用电容量 250 千伏安，后因生产发展需要增容至 650 千伏安。在增容报装过程中，供电企业告知该用户增容后需执行大工业电价，但可以根据企业的实际生产情况，合理选择相应的基本电费计算方式，以减少增容后企业的电费支出。

解答

　　合理报装用电容量，合理选择电价和电费计算方式，活用电价政策最大程度减少电费支出。

知识链接

　　为合理使用电力资源，避免电力资源的不必要浪费，充分发挥价格杠杆作用，我国对变压器容量在 315 千伏安及以上的大工业用电执行两部制电价，这是以合理的分担容量成本和电能成本为主要计费依据的电价制度。在用户实际使用电度电费和力调电费之外，加收基本电费。用户可以选择按照容量或最大需量来计算基本电费。即：

　　　　两部制电价用户每月电费＝电量电费＋代征电费
　　　　　　　　　　　　　　　　＋基本电费＋功率因
　　　　　　　　　　　　　　　　数调整电费

　　对变压器容量在 315 千伏安以下的普通工业用电，执行单一制电价，计费时不考虑用户的用电设备容量和用电时间，只以用户实际用电电量（抄见电量＋损耗）作为计费依据。即：

　　　　单一制电价用户每月电费＝电量电费＋代征电费
　　　　　　　　　　　　　　　　＋功率因数调整电费。

案例3 "变损"分摊有讲究，"高供低计"要另收

案例描述

某高供低计计量的临时用电用户，由于工期安排，在送电后第一个月并未使用任何用电设备进行基建施工，电能表显示电量为零，但收到第一次电费通知时，发现仍有超过 400 千瓦时的电量产生，经咨询供电企业，该电量为变压器的有功损耗电量。

解答

对于不安装在产权分界点处的计量装置，在计算电量时，应计收变压器或输电线路上的损耗电量。

知识链接

电能计量装置原则上应安装在供电人与用电人的产权分界点处。当分界点处不具备安装条件时，可安装在用户侧或变压器低压侧，但在结算时，应计算因输电线路或变压器损耗产生的电量，该电量产生的电费由产权所有人承担。上述临时用电用户为高供低计计量，电能表虽未抄见电量，但由于受电变压器属于用户产权，故因该变压器带电运行产生的损耗电量电费需由该用户承担。

同样的，对于电能计量装置安装在用户侧的专线供电用户，专线输电线路产生的电能损耗也需由用户承担。

案例 4 "容量需量"申报对，放心用电不吃亏

案例描述

某混凝土生产企业合同容量 1000 千伏安，两部制电价按变压器容量计算基本电费。淡季（11 月到次年 1 月）期间最大负荷需求量仅 180 千瓦左右，但每月仍需支付高昂的基本电费，故咨询供电企业有关基本电价政策。供电企业告知该企业可以申请按最大需量计算基本电费，待淡季过后正常生产时再申请按容量计算基本电费。

解答

　　用户根据实际生产用电情况进行测算，可以选择按照变压器容量或按照最大需量来计算基本电费，以避免在基本电费上的不必要浪费。

知识链接

　　两部制电力用户可自愿选择按变压器容量或合同最大需量计收基本电费，也可选择按实际最大需量计收。基本电费按月计收，以上三种基本电费计算方式可按季变更，用户可提前 15 个工作日向供电企业申请变更下一季度的基本电价计费方式。

　　合同最大需量值可按月变更，用户可提前 5 个工作日向供电企业申请变更下一个月（抄表周期）的合同最大需量核定值。合同最大需量值或实际最大需量值不小于运行容量的 40%。对按最大需量计费的两路及以上进线用户，各路进线分别计算最大需量，累加计收基本电费。

知识链接：

（1）按容量计收：

每月基本电费＝运行容量 × 基本电价（元/kVA/月）

（2）按合同最大需量计收：

抄见最大需量值＝最大需量抄见示数 × 总表倍率－0 × 总表倍率

1）每月抄录的最大需量在合同最大需量值的100%～105%时：

每月基本电费＝合同最大需量值 × 基本电价（元/kW/月）

2）每月抄录的最大需量超过核定值的105%时，超过合同最大需量值的105%部分要双倍计收。此时，

基本电费＝合同最大需量值 × 基本电价＋(抄见最大需量值－合同最大需量值 ×1.05)× 基本电价 ×2

（3）按实际最大需量计收：

每月基本电费＝抄见最大需量值 × 基本电价(元/kW/月)

以上三种基本电费计算方式适用于不同生产实际，一般来讲，若生产负荷率较高且生产稳定，按容量计算基本电费较为经济合理。在处于停产、半停产等用电负荷较低的情况下，按最大需量计算基本电费较为合理。

案例 5 花钱不多效果佳，"无功补偿"益处大

案例描述

　　某钢材加工厂，大量使用电（弧）焊设备，用电设备电压长期不稳定，且车间分表合计电量与结算电量相差很大，经供电企业指导检查后发现，该企业的功率因数长期为 0.75 左右，其电容器等无功补偿设备也损坏停运。后该企业进行配电设备改造和用电端无功补偿，提高功率因数至 0.91，电压及损耗电量恢复正常，减少了大量生产损失。

看！加装无功补偿后，功率因数提高很多呀！

太好了！

解答

用户应根据用电设备特性，采取有效措施提高功率因数，避免出现端电压下降、损耗增大、电能质量不佳等现象。

知识链接

功率因数又叫力率，是电力系统一项重要的经济技术指标，用 $\cos\phi$ 表示。它直接反映电力客户用电设备合理使用状况、电能利用程度和用电管理水平。感性用电设备使用不合理，长期轻载或空载运行，使无功功率的消耗量增大；大量采用电感性用电设备，如异步电动机、交流电焊机；用电设备负载率和年利用小时数过低，无功补偿设备的容量不足等原因，都会造成功率因数偏低。功率因数低，会增加供电线路的电能损失，降低输电效率；增加供电线路电压损失，影响供电质量；降低发、供、用电设备的利用率，使企业多交电费，生产成本增大。

提高功率因数有两种办法，一是自然改善，如减少大马拉小车现象，提高设备使用效率；调整负荷，提高设备利用率；利用新技术，加强设备维护。二是安装无功补偿装置。"无功电力应就地平衡。用户应在提高用电自然功率因数的基础上，按有关标准设计和安装无功补偿设备，并做到随其负荷和电压变动及时投入或切除，防止无功电力倒送。"（见《供电营业规则》第四十一条）

案例6 "功率因数"硬指标，节约电费有诀窍

案例描述

　　某石料加工企业，平常每月用电费在50万元左右。但2013年7月电费却比平常多出了6万元，经供电企业派员检查，发现配电房内的无功补偿电容器大量破损漏液或烧坏导致功率因数不达标，力调电费升高。后更换电容器后次月电费恢复正常。

解答

用户用电功率因数的高低，对发、供、用电设备的充分利用，节约电能和改善电压质量有着重要的影响。为了提高用户的功率因数并保持其均衡，提高供用电双方和社会的经济效益，国家对用户的功率因数进行考核并增减电费。功率因数未达到规定标准的用户应当收取力调电费，达到或优于规定标准的应当给予电费奖励。

知识链接

功率因数考核有 0.90、0.85 和 0.80 三个标准值。其中 0.90 适用于 160 千伏安以上的高压供电工业客户、装有带负荷调整电压装置的高压供电电力客户等；0.85 适用于 100 千伏安（千瓦）及以上的其他工业客户，100 千伏安（千瓦）及以上的非工业客户等；0.80 适用于 100 千伏安（千瓦）及以上的农业用户和趸售用户。

$$实际功率因数 = \frac{结算有功电量}{\sqrt{结算有功电量^2 + 结算无功电量^2}}$$

其中，

结算有功电量＝抄见有功电量＋有功变损、线损

结算无功电量＝抄见无功电量＋无功变损、线损，

即为当月平均功率因数

案例 7 代收基金或附加，电费计算不复杂

案例描述

  某大型商贸城的会计小王，在复核企业支出时发现，电费上的合计电费与她根据电价表目录电价计算的结果不符，于是她咨询了供电企业。供电企业告知她一个常识，在用户缴纳的电费中除了正常电费，还包含了随售电量征收的基金和附加费，这些附加是合法合规批准征收的。

电费和我根据电价表目录电价计算的结果不一样呀！

解答

政府物价部门发布的电价表中的目录电价是不含基金和附加费的单价，这些附加费和基金是根据法律规定或经政府相关部门批准在售电量中一同征收的。

知识链接

代收基金指按照国家法律法规或经政府相关部门批准随售电量征收的基金和附加费。各省、区、直辖市及地区政府性基金的代征范围和执行标准并不相同。常见的有农网还贷基金、可再生能源电价附加费、水库移工基金、城市建设附加费、水利基金等。代收基金的征收范围和电价标准，请参见当地电价政策。

案例8 "电价政策"要吃透，节约电费当增收

案例描述

　　某木业厂，变压器容量1250千伏安。因生产不景气，工厂半年未发出工资。2016年6月起，处于停产状态，每月仅有零星用电1200余千瓦时，但电费高达三万多元，常为交电费而发愁。供电公司多次催促厂方申请暂停用电，未引起厂方重视。直到2016年11月，该企业才办理申请了暂停用电。暂停后该企业电费降为零。

解答

企业大用户应熟悉电价政策，掌握本企业用电情况及趋势，及时办理有效的暂停或减容等变更手续。

知识链接

按《供电营业规则》规定，用户暂停期满后，两年内不得申请暂停或减容；若确需暂停或减容的，停用部分容量的基本电费按 50% 收取。但是，《国家发展改革委办公厅关于完善两部制电价用户基本电价执行方式的通知》（发改办价格〔2016〕1583 号）出台后，放宽了对减容、暂停的限制。客户可根据生产情况申请暂停或减容，不受时间的限制。减容（暂停）设备自加封之日起，减容（暂停）部分免收基本电费，只需提前 5 天申请就行了。这样，可以节约企业的电费支出，特别是对大工业企业用户而言，能节省大量的基本电费。

案例 9　电能替代有优惠，节能环保更增效

案例描述

　　某金属铸件企业，原来有两台煤炉，俗称"冲天炉"，使用煤炭直接燃烧进行金属铸造。后来由于政府环保部门对大气污染的强力治理，要求该企业立即停用污染排放严重的冲天炉。为继续生产，该企业就设备和电价电费咨询了电炉生产商和供电企业，当得知现阶段有电能替代优惠电价政策后，立即进行了技改升级，把煤炉换成了两台电炉，并同步办理了增容流程。

解答

电能是清洁能源，并且通过各种高效节能的用电设备，结合当前电能替代优惠电价政策，相较于传统化石能源，其能源利用效率也较高，对企业的节能环保效益和经济效益有促进作用。

知识链接

实施电能替代对于推动能源消费革命、落实国家能源战略、促进能源清洁化发展意义重大，是提高电煤比重、控制煤炭消费总量、减少大气污染的重要举措。稳步推进电能替代，有利于构建层次更高、范围更广的新型电力消费市场，扩大电力消费，提升我国电气化水平，提高人民群众生活质量。（发改能源〔2016〕1054号选摘）

为更好推动落实电能替代，鼓励企业逐步扩大电能的使用范围，各地政府相关部门根据发改委文件制定符合本地区实际的电能替代优惠或扶持政策，企业应抓紧本轮机会落实相关电能替代项目，既可以完成企业内部的技术升级改造，又能顺势享受政府给予的相关政策。

案例 10　汰旧换新更节能，降耗堪比省电费

案例描述

　　某印染企业年用电量约 2 亿千瓦时，现因企业技改升级另地迁建，企业原想在新址厂区继续使用老厂区搬迁的变配电设备；经咨询供电企业及节能服务企业，了解到老旧的变配电设备节能指标不符合国家规定要求，并且因为变配电设备高损耗对企业的能效管理造成不利影响，增加损耗电费支出，故企业淘汰了老旧的变配电设备，在新厂区重新购置更加节能的变配电设备，同时依据节能公司的建议，对厂区内的照明灯具全部改用 LED 节能灯，这些节能改造为企业节省了大笔电费。

这些老旧的变配电设备高损耗对企业的能效管理造成不利影响，增加了损耗电费支出，应该淘汰。

解答

国家对损耗较高、年限过长的机电类产品逐步更新淘汰限制目录，有序推进节能高效生产，减少能源浪费和环境污染。

知识链接

配电系统节能是企业节能的一个重要方面，概况地讲，配电系统节能主要方向及措施有以下方面：

（1）受电变压器节能：选用高标号、低损耗、低噪声的节能型变压器。

（2）配电线路节能：管理方面要减少无效运行、提高功率因数等，技术方面要合理配置变压器容量、位置和台数，适当增加配电线路截面积，采用高压供电、就地降压等。

（3）电动机及其控制：淘汰高损耗电动机、选用节能型电动机（同步电动机、永磁电动机等），淘汰普通变频器、采用矢量变频控制，合理选用电动机容量、避免"大马拉小车"现象，轻载电动机降压运行节电等。

（4）无功补偿和谐波治理：采取就地补偿和集中补偿无功电容，提高配电系统功率因数，减少无功需求传输引起的电能损耗。采用Dyn11型配电变压器、配置适当配比的消谐电抗器或者有源滤波设备，以减少谐波对电气设备的损耗和破坏。

案例 11　降低成本路要正，违窃用电教训深

案例描述

　　某纸品厂老板雇人从附近的 10 千伏环网柜上搭接窃电，并安装了非法定计量装置；同时以较低的价格转供给其厂区内的用电户并收取电费。2011 年起到 2013 年 1 月被查处止，该纸品厂共窃电 487 万千瓦时。其行为已构成盗窃罪，且数额特别巨大，被依法判处无期徒刑，剥夺政治权利终身，没收个人全部财产。

解答

　　国家对电力的供应与使用出台了一系列的法律法规，对供电与用电双方提出了相应的权利与义务，其中明确定义了两种非正常用电情况，分别为违约用电和窃电。用户用电应遵守法律法规，合法、安全、科学用电。

知识链接

　　以下行为称为违约用电：①高价低接；②私增容量；③擅自超计划用电；④擅自启封用电；⑤私自移表；⑥擅自引入供出备用电源。

　　以下行为称为窃电：①擅自接线用电；②绕越表计用电；③擅自启封用电；④损坏表计；⑤故意使表计失准；⑥其他。（详细的行为描述和处理规定见《电力供应与使用条例》《供电营业规则》）

案例 12　申请容量要准确，合理配置变压器

案例描述

　　某化纤企业因工艺特性需要申请双电源供电，原先申报全供全备 20000 千伏安，供电企业工作人员现场查勘时告知企业申报备用电源需要缴纳高可靠性供电费，故企业应根据实际情况核定备供容量，仅需对重要负荷增加备用电源即可，以免造成浪费；同时宜考虑阶段性生产特征，合理配置变压器容量和台数，以方便暂停（减容）、减少基本电费支出。

解答

大工业用户需缴纳每月基本电费，其申请容量关系日后企业的电费支出；同时供电企业在用户申请新装或增容时需依据物价部门批准的收费标准，向多路电源供电用户收取高可靠性供电费，所以企业在申请新装（增容）时应准确核定所需各路电源供电容量，以避免不必要的基本电费或高可靠性供电费支出。

对于生产用电季节性较强、负荷分散性较大的大工业用户，合理优化变压器容量配置（如增加受电变压器台数、降低单台容量）能够最大限度地利用暂停（减容）来减少用户基本电费支出以及解决淡季低负荷期间因变压器轻载导致的损耗过大问题。

知识链接

根据物价文件，对申请新装或增容的两路及以上多回路供电（含备用电源、保安电源）用电户，除供电容量最大的供电回路外，对其余供电回路需收取高可靠性供电费。

当负荷很小时，受电变压器供电时会出现"大马拉小车"的现象，造成变压器损耗和配电线路损耗增大，因此增加受电变压器台数、降低单台容量，既能方便企业在负荷低谷阶段充分利用基本电价政策减少电费支出，又能降低配电系统损耗。

案例13　低压电机损耗高，改用高压更省电

案例描述

　　某水泥生产企业，属于高耗能企业，原先使用大量的低压球磨机，电能损耗较大；后进行技改，将一批低压球磨机改为高压电动球磨机，经过对比，节省了大量损耗电量。

咱们换成高压电动球磨机后，电量损耗少多了。

解答

合理使用高压电动机代替低压电动机,可以在变电设备损耗、低压线路损耗方面减少电能损耗。

知识链接

高压电动机经济节能的主要原因为:

(1)低压电动机比较分散,且需要变压器等变配电设备和低压电缆线路供电,在这些供配电设备和线路上会产生电能损耗。

(2)高压电动机功率大、体积小,在同样输出功率时,高压电动机的电流比低压电动机更小;因而高压电动机定子绕组可使用较小的线径和定子槽,由此定子绕组铜损较小,其质量和体积也相应较小,故其相较低压电动机更为节能。

三 安全用电

  在任何企业，"安全生产"始终是第一原则。生产是企业生存的基础，安全是生产的前提，只有安全生产才能带来企业效益，安全用电则是安全生产的保障。

  安全用电关系着企业的生存，我们经常能听到企业因为停电造成巨大损失的新闻。只有掌握安全用电知识，预防电力安全事故，合理应对电气故障，才能有效降低财产损失。我们总结了企业生产的典型用电情况，列举一些案例，便于电气工作人员学习掌握，在实际生产中做好安全用电。

案例1 供电电源出故障，不会操作干着急

案例描述

某用户变电站为双电源供电，当一路电源故障后，另一路电源因操作不当无法及时投入运行，造成电力无法恢复。

解答

值班电工需加强对设备的熟悉程度，提高设备操作水平。

知识链接

　　电工上岗必备"三证"，即具有电工职业资格证书、电工特种行业操作证、电工进网作业许可证。

　　电工职业资格证书是从事电工职业的等级资格证明，是求职的资格凭证，证明持证人电工知识、技能水平的高低，它不能代替电工特种作业操作证。

　　电工特种作业操作证是主管部门对单位进行安全生产检查的重要内容。从事低压电气操作、安装、维修等工作，必须取得此证才能上岗。

　　电工进网作业许可证表明电工具备进网作业的资格。未取得此证或许可证未注册的人员不得进网作业。

案例 2 发电机启动成功，进线开关莫忘分

案例描述

　　某低压并网的用户变电站内部低压故障，引起配电室故障，自备发电机启动成功，发电机与低压进线柜无闭锁装置，但低压进线开关处于合闸位置，致使发电机电源上送至电网。

解答

自备发电机与电网电源之间必须正确装设切换装置和可靠的联锁装置。

知识链接

不并网自备发电机与电网电源之间必须正确装设切换装置和可靠的联锁装置，确保在任何情况下，不并网自备发电机均无法向电网倒送电。

（1）不并网自备发电机与电网电源必须采用"先断后通"的切换方式。

（2）用户所有用电负荷应同步切换，一般三相可采用四极双投刀闸，单相采用二极双投刀闸。较大容量的发电机组，电流较大确有困难的可用一组多极单投刀闸控制自发电切换，另一组多极单投刀闸控制电网切换，但两组刀闸之间必须采用可靠的机械（或电气）联锁，即保证一组刀闸处于分闸位置时，另一组刀闸才能合上。

（3）不并网自备发电机和电网电源的中性线与相线必须同步切换。

（4）不并网自备发电机用户须具有低压配电装置，切换点必须装设在低压配电室的总柜处，不得装设在各用电设备端。

案例 3 电力设施需保护，保护区内莫施工

⚙ **案例描述**

　　某施工单位不听劝阻，在 10 千伏线路电杆附近用挖掘机作业，导致一侧电杆拉线已松动。同时，施工方还擅自移动另一侧电杆拉线的位置，且进行放炮作业，使电杆倾斜，上面的横担扭曲变形，严重影响线路安全。公安机关依法对现场施工负责人予以刑事拘留，并处以罚款，责令其偿付全部损失。

解答

在电力设施保护区内进行作业，需经批准并做好安全措施。

知识链接

未经批准或者未采取安全措施在电力设施周围或者在依法划定的电力设施保护区内进行作业，危及电力设施安全的，由电力管理部门责令停止作业，恢复原状并赔偿损失。（《中华人民共和国电力法》第六十八条）

案例4 检修试验很重要，定期检查不可少

案例描述

　　某企业运行人员在日常巡视中发现变压器存在漏油现象，对变压器进行了停电检修试验，消除了变压器的隐患。

解答

运行人员要加强对变压器的运行管理，经常对变压器进行清扫工作，按周期进行预防性试验，发现缺陷及时处理。

知识链接：

变压器的经济效益最好是在额定电流的范围内长期运行并且变压器油温不超过85℃，功率因素在85%~95%之间时。定期检查变压器的项目包括：

（1）定期检查变压器的负荷电流、运行电压是否正常。

（2）定期检查变压器有无渗漏油的现象，油位、油色、温度是否超过允许值，油浸自冷变压器上层油温一般在85℃以下，强油风冷和强油水冷变压器应在75℃以下。

（3）定期检查变压器的高、低压瓷套管是否清洁，有无裂纹、破损及闪络放电痕迹。

（4）定期检查变压器的运行声音是否正常，正常运行的变压器有均匀的"嗡嗡"声磁电。

案例 5 重要设备很重要，自备电源需配好

案例描述

某化纤企业为 10kV 双电源供电企业，因上级变电站主变压器故障，导致该企业两路电源同时失电，上级变电站故障修复时间较长，无法短时间恢复送电，导致流水线中原料全部报废，经济损失巨大。

解答

对于用电连续性要求较高的企业，应配备自备发电机。

知识链接

对于停电会造成较大经济损失的，应配备自备应急电源，其配置至少应符合以下要求：

（1）自备应急电源配置容量标准应达到保安负荷的120%。

（2）自备应急电源与电网之间应装设可靠的电气及机械闭锁装置，防止倒送电。

（3）自备应急电源的启动时间应满足安全要求。

案例 6　负荷超容莫轻视，及时增容是关键

案例描述

　　某企业配电房 400kVA 变压器，因生产任务增加，新增设备若干，实际负荷容量已超过 400kVA，造成变压器超载，严重影响设备安全及电网安全。

解答

企业应根据生产实际情况及时申请增容，不得使设备长期处于超载运行，影响设备寿命，危害设备及电网安全运行。

> ## 知识链接
>
> 危害供用电安全、扰乱正常供用电秩序的行为，属于违约用电行为。供电企业对查获的违约用电行为应及时予以制止。有下列违约用电行为者，应承担其相应的违约责任：
>
> （1）在电价低的供电线路上，擅自接用电价高的用电设备或私自改变用电类别的，应按实际使用日期补交其差额电费，并承担两倍差额电费的违约使用电费。使用起讫日期难以确定的，实际使用时间按三个月计算。
>
> （2）私自超过合同约定的容量用电的，除应拆除私增容设备外，属于两部制电价的用户，应补交私增设备容量使用月数的基本电费，并承担三倍私增容量

知识链接

基本电费的违约使用电费；其他用户应承担私增容量每千瓦（千伏安）50元的违约使用电费。如用户要求继续使用者，按新装增容办理手续。

（3）擅自超过计划分配的用电指标的，应承担高峰超用电力每次每千瓦1元和超用电量与现行电价电费五倍的违约使用电费。

（4）擅自使用已在供电企业办理暂停手续的电力设备或启用供电企业封存的电力设备的，应停用违约使用的设备。属于两部制电价的用户，应补交擅自使用或启用封存设备容量和使用月数的基本电费，并承担两倍补交基本电费的违约使用电费；其他用户应承担擅自使用或启用封存设备容量每次每千瓦（千伏安）30元的违约使用电费，启用属于私增容被封存的设备的，违约使用者还应承担第（2）项规定的违约责任。

（5）私自迁移、更动和擅自操作供电企业的用电计量装置、电力负荷管理装置、供电设施以及约定由供电企业调度的用户受电设备者，属于居民用户的，

知识链接

应承担每次 500 元的违约使用电费；属于其他用户的应承担每次 5000 元的违约使用电费。

（6）未经供电企业同意，擅自引入（供出）电源或将备用电源和其他电源私自并网的，除当即拆除接线外，应承担其引入（供出）或并网电源容量每千瓦（千伏安）500 元的违约使用电费。

案例 7　检修停电需操作，验电接地需牢记

案例描述

　　某企业被供电企业通知要按计划需停电检修，在用户进线侧需挂设接地线，值班电工未验电及放电，立即挂设接地线，并且接地线合格证过期。

解答

　　在设备上工作时，应先停电，再验电，接地，悬挂标示牌和装设遮拦（围栏）。

停电：检修设备停电，应把各方面的电源完全断开（任何运行中的星形接线设备的中性点，应视为带电设备）。对难以做到与电源完全断开的检修设备，可以拆除设备与电源之间的电气连接。

验电：应使用相对应电压等级、合格的接触式验电器，在装设接电线或合接地刀闸（装置）处对各相分别验电。高压验电应戴绝缘手套。对无法进行直接验电的设备、高压直流输电设备和雨雪天气时的户外设备，可以进行间接验电，即通过设备的机械指示位置、电气指示、带电显示装置、仪表及各种遥测、遥信等信号的变化来判断。

接地：当验明设备确无电压后，应立即将检修设备接地并三相短路。电缆及电容器接地前应逐相充分放电，后挂设接地线。①装设接地线必须先接接地端，后接导体端；拆接地线的顺序与此相反。②接地线必须接触良好，连接应可靠。③成套接地线应用透明护套的多股软铜线组成，其截面积不得小于25mm^2。

悬挂标示牌和装设遮拦（围栏）：在室内高压设备上工作，应在工作地点两旁及对面运行设备间隔的遮拦（围栏）上和禁止通行的过道遮拦（围栏）上悬挂"止步，高压危险！"标示牌。在工作地点挂设"在此工作"的标示牌。

案例 8　专线用户操作时，联系调度很重要

案例描述

　　某企业为电力专线供电企业，厂区内配电房设备发生故障需拉开进线电源时，值班电工在未和供电企业联系并得到同意的情况下，就擅自操作拉开进线电源。

解答

　　专线用户值班电工对配电设备进行操作时，需要先和供电公司调度取得联系获得许可后才能进行工作。

　　专线用户属于调度管辖设备，倒闸操作应根据值班调控人员或运维人员的指令，受令人复诵无误后执行。严禁擅自操作。

案例 9　停电送电操作时，操作顺序要遵循

案例描述

　　某企业高压设备为 GGIA 柜，值班电工进行高压设备停电操作时未先拉开断路器，直接拉开闸刀，导致拉弧事件发生。

解答

　　用户值班电工进行配电设备操作时应严格按照操作顺序进行，若操作不当则会对设备及人身安全造成威胁。

知识链接

　　目前用户高压电气设备较多采用GG1A柜或KYN28柜。

　　GG1A柜停电拉闸操作应按照断路器—负荷侧隔离开关—电源侧隔离开关的顺序依次进行，送电合闸操作应按与上述相反的顺序进行。禁止带负荷拉合隔离开关。

　　KYN28柜停电操作为拉开断路器，拉出断路器开关，拆下航空插头至检修状态。送电操作为将断路器从检修状态改为热备用状态，拉合断路器。

案例 10　自备电源需检查，定期试验不能少

案例描述

　　某体育馆配电房配置有自备应急电源，在供电企业电网出现故障中断供电后，体育馆值班电工启动自备应急电源失败，致使体育馆全馆停电。

解答

　　自备应急电源由于使用次数不多，日常运行维护时更加需要重视，定期做好相关试验，存在缺陷及时解决，才能在使用时正常投入运行。

知识链接

　　电力用户应当按照国家和电力行业有关规程、规范和标准的要求对自备应急电源等受电装置定期进行安全检查、预防性试验、启动试验和切换装置的试验。

　　电力用户要制定自备应急电源运行、维护管理的规程制度和应急处置预案，并定期（至少每年一次）进行应急演练。

案例 11 电能质量很重要，整治谐波不能忘

案例描述

　　某大型企业用电设备中存在大量变频设备和供大容量直流电动机用电的整流设备，这些设备在运行中产生大量的高次谐波，引起供电电网电流和电压波形畸变，对电网安全供电及其他用电企业带来严重危害。

解答

　　谐波严重影响电网及用户用电安全，需立即治理。用户可联系谐波检测机构对谐波进行检测，并针对相对应的谐波配置相应的消谐装置，消除对电网及用户用电的影响。

知识链接

　　　电网公共连接点电压正弦波畸变率和用户注入电网的谐波电流不得超过GB/T 14549 — 1993《电能质量公用电网谐波》的规定。

　　　用户的非线性阻抗特性的用电设备接入电网运行所注入电网的谐波电流和引起公共连接点电压正弦波畸变率超过标准时，用户必须采取措施予以消除。否则，供电企业可中止对其供电。

　　　用户的冲击负荷、波动负荷、非对称负荷对供电质量产生影响或对安全运行构成干扰和妨碍时，用户必须采取措施予以消除。如不采取措施或采取措施不力，达不到GB 12326 — 2008《电能质量 电压波动和闪变》或GB/T 15543 — 2008《电能质量 三相电压不平衡》规定的要求时，供电企业可中止对其供电。

案例 12 设备停电莫心急，窃电行为不可取

案例描述

　　某企业配电房计量柜闸刀故障，导致无法正常供电，用户私自打开计量柜封印并将电缆接至计量闸刀下桩头直接供电。

解答

　　用户擅自绕越计量装置用电为窃电。

知识链接

禁止窃电行为。窃电行为包括：

（1）在供电企业的供电设施上，擅自接线用电；

（2）绕越供电企业用电计量装置用电；

（3）伪造或者开启供电企业加封的用电计量装置封印用电；

（4）故意损坏供电企业用电计量装置；

（5）故意使供电企业用电计量装置不准或者失效；

（6）采用其他方法窃电。

供电企业对查获的窃电者，应予制止并可当场中止供电。窃电者应按所窃电量补交电费，并承担补交电费三倍的违约使用电费。

案例 13　房屋孔洞需封堵，防止进入小动物

案例描述

　　某企业配电房内突然发生短路停电，经常发现在用户低压母线两相间存在一只死老鼠，由于老鼠引起两相短路故障并烧坏了母线，致使抢修时间延长无法恢复供电。

　　呀，死老鼠，我说怎么会短路呢！

解答

　　配电房应具备防小动物措施。

知识链接

为了预防事故，变配电房及蓄电池室的房屋建筑应做好"四防一通"（防雨雪、防汛、防火、防小动物、良好通风）。单斜百叶通风窗应改为曲折百叶通风窗或在百叶窗外架防雨挡板，同时要复核变电站通风是否符合要求。变配电站和蓄电池室房屋、门、窗、电线沟的破洞、裂缝及电线进出线孔均应堵塞，铁丝户网的网眼不得大于 $10mm \times 10mm$，以防止小动物进入。

案例 14 人员触电不要慌，触电急救可救命

案例描述

　　某企业工作人员发生触电后，暂时性休克，未有人能及时救援。

解答

工作人员发生触电后，首先使触电人员远离电源。并拨打急救电话，已休克触电人员应及时用口对口的人工呼吸法或心脏胸外挤压法进行急救，使其脱离休克状态。

知识链接

人体一旦发生触电后，首先应迅速切断电源。在未切断电源前，不要用手去触摸触电的人或电线，要用木棍等绝缘物品挑开或切断触电者身上的电线、灯、插座等带电物品。当触电者脱离电源后，应尽量将其移至通风干燥处仰卧，松开衣领和裤带让其呼吸道顺畅，并立即呼叫120急救服务。在医生未到达现场前，应采取措施进行现场急救。对神志清醒，呼吸、心跳均自主的触电者，应让其就地平躺，严密观察，暂时不要让其站立走动，防止休克。如果触电者呼吸、心跳停止，应立即就地抢救。一般可根据情况采用口对口的人工呼吸法或心脏胸外挤压法进行急救。

案例 15　严禁堆放易燃品，设备人身保安全

案例描述

　　某企业配电房内堆放易燃物品，致使配电房内发生火灾，造成厂区停电，无法恢复。

解答

配电房内存在与配电设备无关的易燃物品，并且配电房内缺少消防灭火装置。

知识链接

发生电气火灾后，应首先切断电源，然后才可使用水进行灭火。逃生时需注意：

（1）从安全通道撤离做到冷静、迅速、有序。

（2）用湿毛巾捂住口鼻、与地面保持30厘米，爬行进行逃生。

（3）利用绳索、被单，从上自下滑行到安全地带。

（4）不要轻易跳楼。

（5）衣服被烧着不要惊慌失措，赶快在地上翻滚，使火熄灭。

（6）不要乘坐电梯，电梯井直通大楼各层，烟、热、火很容易涌入，会严重威胁人的生命。